In jedem Sturm ist ein Lied

Gedankenbilder & Erinnerungsstücke

Julie Weißbach

Verlag Agentur Altepost

Julie Weißbach

Über die Autorin

Sie liebt die kleinen Geschichten des Alltags, deren Wahrheit für jeden eine andere ist. Ihre Zeichnungen und Texte, Lieder in drei Sprachen und Stop-Motion Filme erzählen von der Poesie des Augenblicks, der B-Seite der Dinge und dem Knoten im roten Faden.

Julie Weißbach wurde 1982 in Dresden geboren und wuchs in Meißen auf. Sie lebt als Künstlerin und Illustratorin, Sängerin und Songschreiberin, Autorin, Dozentin und Podcast-Macherin in Lübeck.

Nach Aufenthalten in New Mexico und Frankreich studierte Julie Weißbach an der Kunstakademie Münster als Meisterschülerin von Lili Fischer Freie Kunst sowie Romanistik an der Westfälischen Wilhelms-Universität.

Für ihren Kurzfilm *Existence Extra Ordinaire* wurde sie vom Kultursender *ARTE* und den Konstanzer Kurzfilmspielen ausgezeichnet.

Ende 2020 erschien Julie Weißbachs Buchdebüt *Hinter dem Rauschen der Welt klopft das Herz* im Verlag Altepost.

Inhalt

Prolog

Früher glaubte ich, das Leben passiert mir. Ich dachte, wenn es regnet, dann warte ich eben, bis es aufhört. Als hinge mein Dasein von einer äußeren Wetterlage ab, die auch mein inneres Klima beeinflusste. Wer durch das Schlüsselloch des Mangels schaut, kann nicht durch die Tür der Möglichkeiten treten.

Ich wollte nichts anderes als Sommertage in gesättigten Farben. Die Gedanken wie ein leerer Rucksack. Ohne Gewicht und voller Raum. So war das Leben gut. Ich war gut.

Mir graute vor den Herbsttagen und was mit ihnen kam. Wenn sich die Dämmerung immer früher in den Nachmittag drängte, war es, als zöge der Winter bald auch in mir ein.

Ich dachte, leben sei warten auf das nächste Hochdruckgebiet. Ich dachte, das Wichtigste sei es zu verhindern, dass man in ein Gewitter gerät und im Regen steht.

Und dann kommt der Tag, an dem du die Trennwand anstößt, die dich gegen die Stürme schützt. Vielleicht ist das der Beginn des Erwachsenwerdens. In diesem Moment beginnt das Konstrukt zu bröckeln, von dem du nicht weißt, wie es dort hingekommen ist. Mitten auf deinen Weg. Und während der Nieselregen dich leise nach innen aufweicht, beginnst du zu ahnen, dass es nicht um das Wetter geht. Es geht nie um das Wetter. Und gleichzeitig geht es um nichts anderes.

Zum Erwachsen und Werden braucht es alle Witterungen.
Das Licht und das Lachen, die Sturzbäche und Tränen.

Es braucht das große Aufbäumen und frischen Wind
für die glühende Stirn.
Tagträume wie nachtleuchtende Wolken.
Alle Gewitter und jeden Vulkanausbruch.
Es braucht Schleusen und Kanäle nach außen und innen.
Es muss fließen.

Und dann Brücken und Regenbögen.
Es kann gar nicht genug von ihnen geben.
Jedes Ende ist ein neuer Anfang.
Jeder Anfang eine neue Brücke.

Alles ist

Nichts ist jemals sicher. Vielleicht ist das die verheißungsvollste Botschaft überhaupt. Alles, was wir haben, ist Wandel. Alles, was wir sind, ist Wandel. Alles, was wir werden, wird eine Facette unserer Metamorphose sein, wenn es Zeit ist.

Ist es nicht immer Zeit?
Wer leben will, muss verweben und verbinden, verwachsen, verschwinden und wieder und wieder auftauchen aus den Wogen der Zeit. Wo Herzen sich ausdehnen, ist kein Raum für Stillstand, denn die Karten werden jeden Tag neu gemischt.

Was heute so schwer wiegt, dass es tief in die Schultern einschneidet, kann morgen zerplatzen wie ein Ballon.
Was heute starr und unbeweglich erscheint, beginnt womöglich in diesem Moment nachzugeben wie Stoff aus alten Tagen.

Was heute so weit entfernt scheint wie das Leben der anderen, zieht vielleicht schon morgen bei mir ein, weil im Hinterstübchen gerade ein Platz frei geworden ist.

Wer wir nicht sind, können wir werden.
Wer wir sind, müssen wir nicht bleiben.
Was wir wollen, dürfen wir einladen.
Was sein soll, wird uns finden.
WIR werden uns finden.

Wo nichts sicher ist, kann alles entstehen.
Wo alles nichts ist, ist alles drin.

Ein Ganzes. Wildes. Leben.

facing the world
is facing myself

facing myself
is facing the world

Fünfzehn

Mit 15 war ich stark. Ich kam mit wenig Schlaf aus und war überzeugt davon, dass mich so leicht nichts aus der Bahn werfen konnte. Das änderte sich, als naturwissenschaftliche Fächer in der Schule bedrohliche Züge annahmen. Das Matheabitur hinterließ tiefe Kratzer. Nachts träumte ich, wie mein Leben in der Zukunft noch immer nicht losgegangen war, weil all die ungelösten Gleichungen, all die Unbekannten, mich in der Vergangenheit festgebunden hatten.

Noch heute besucht mich dieser Traum dann und wann und erinnert mich in seiner Absurdität an die Mauern, die wir unseren Kindern in den Weg stellen. Wie können sie sich entfalten, wenn wir ihnen in ihrer tausendfachen Verschiedenheit nur eine einzige Form anbieten, in die es gilt, sich für den Weg in die Zukunft einzufügen?

trusting myself is trusting life — trusting life is trusting myself

Leichtigkeit und Melancholie

Die Leichtigkeit gehörte zu mir wie eine Schaukel zum Garten. Sie war Grundausstattung und Bedürfnis zugleich. Ich sehnte mich so sehr nach ihr, dass ich sie überall dabeihaben wollte. Sie war Eintrittskarte und Notausgang. Ich spürte, wie gut sie auch anderen tat, die scheinbar viel weniger von ihr hatten. Und weil sie augenscheinlich so vielen fehlte, wurde sie noch kostbarer für mich. Wenn sie meine Schwere aus den Angeln hob, konnte ich bis zum Horizont blicken. Da war kein Wölkchen am Himmel. Die Luft war rein. Ich mochte es, mich ihr ganz hinzugeben. Diesem so flüchtigen, vergänglichen Zauber.

Da war auch die Melancholie, die es mir ermöglichte, tief in Gefühle einzutauchen wie in ein dunkles Schwimmbecken. Dort unten konnte ich meine Seele in ihrer ganzen Kraft spüren, wenn sie sich an den Begrenzungen meiner Existenz rieb. In ihrer Intensität war die Melancholie für mich voller Schönheit, und ich verstand nicht, warum so viele Menschen sich derart vor ihr fürchteten. Sie war mein Kaleidoskop, wenn die Kontraste in mich hineinsanken und sich alles zu einem temporären Mosaik zusammenfügte. An manchen Tagen schien mehr Licht hindurch als an anderen.

Wünsche

Ich will tanzen in Kontrasten,
ausruhen zwischen schwarz und weiß,
das Licht im Dunkel begreifen.

Ich will meine Farben in den Tag gießen
und ihnen Namen geben,
all meine Namen.

Den Himmel betrachten und meine Wurzeln spüren,
den Vögeln hinterhersehen und lernen, wie Freiheit geht.
So weit sein, dass die Luft nicht dünn wird.

Und endlich die Liebe hereinbitten, denn es ist Zeit.
Da ist jede Menge Platz
in der Herzkammer.

Einundzwanzig

Die Kunstakademie war eine Käseglocke, unter deren Schutz jeder sein Süppchen kochte und es dann mit Vehemenz und Ellenbogen zur Verkostung anbot. Da war viel Ungenießbares dabei. Ich verstand nicht, warum dieser Ort sich so kalt anfühlte. Es gab keinen Raum für die Poesie. War sie es nicht, die uns zusammengeführt hatte? Wenn es nicht um das Schöne und Wahrhaftige ging, warum sonst waren wir hier? Hatte ich das Bild falsch gelesen? Den Ort verkannt? Die Möglichkeit zu scheitern war der ungebetene Gast, für den am Tisch kein Platz vorgesehen war.

Auf einmal fühlte sich die Freiheit, die mir so verlockend erschienen war, in ihrer Grenzenlosigkeit überwältigend an. Sie setzte voraus, dass ich alle Hebel bereits kannte, die es zu bewegen galt, um auf diesem weiten Terrain zu navigieren. Alles, was ich hier lernen konnte, würde nichts nützen, wenn ich es nicht verstand, meine innere Welt zu einem begehbaren Ort zu machen, ohne dabei selbst grenzenlos zu werden. Ich musste die Dinge, vor denen ich davonlaufen wollte, in etwas verwandeln, das mich antrieb. Ich musste wagen, meinen Platz einzunehmen und der Grenzenlosigkeit Raum abzuringen. Es war an der Zeit, Land zu gewinnen und Verbindungen zu knüpfen. Zeit, zu schützen, was mir wichtig war.

Ich wollte meine Poesie kultivieren, egal wie schwer die Betondecke war. Ich wollte einen Garten aus der zarten Pflanze machen, von der ich angenommen hatte, dass alle sie haben. Ich stand am Anfang des Weges und begann zu ahnen, dass Wachstum und Entfaltung Künste für sich waren, die ich möglicherweise an keiner Akademie der Welt würde lernen können und für die neun Semester und ein Meisterschülerjahr nicht reichen würden.

Zweiundzwanzig

An der Universität befiel mich erneut jene Entzauberung, deren Bekanntschaft ich bereits ein Jahr zuvor in der Kunstakademie gemacht hatte. Die Vorstellung eines Romanistikstudiums voller *Savoir-vivre* platzte wie eine Seifenblase in engen Seminarräumen. Es ging nicht darum, die französische Sprache als Spielraum zu erkunden oder gar eine Art Zuhause in ihr zu finden, sondern sie in diversen Disziplinen gründlich zu analysieren. Warum ich von dieser Erkenntnis so enttäuscht war, kann ich nicht sagen, denn niemand hatte mir irgendetwas versprochen. Das Bild meiner Erwartungen muss ein Fabrikat meiner Fantasie gewesen sein, eine Collage aus Filmszenen, die sich verselbstständigt hatten. Ich hatte mir lichtdurchflutete Hörsäle vorgestellt, in denen das Versprechen von etwas Größerem hing, welches weit über das eigene Sein hinausging. Eine Wahrheit, die alles mit allem verband und die das Leben der Studierenden auf der Leinwand auf ein anderes Level hob.

In meiner Realität schien jedoch die Einhaltung einer äußeren Rangordnung über allem zu stehen. So viel Lebenskraft floss in das Scheinen und Tun. Diese Art der Sozialisation fühlte sich wie ein Irrtum an. Dennoch schienen viele meiner Kommilitonen in diesem Gefüge aus Geschäftigkeit und Fleiß, Druck und Gegendruck ein Gleichgewicht gefunden zu haben. Der Ehrgeiz flackerte über ihren Hinterköpfen wie Leuchtreklame. Ich fragte mich, was sie wussten, das mir verborgen geblieben war. Ich wollte Feuer, das mich wärmte, und einen Motor, der mich antrieb. Ich wollte den Esprit lichter Hörsäle. Ich sehnte mich nach der Lebendigkeit echter Begeisterung. Doch da war nur lauwarme Glut, die ich ständig im Auge behalten musste.

Streiflicht

Wenn ich heute in Tagebücher aus dieser Zeit schaue, kann ich die Suche nach einem Zuhause in mir zwischen jeder Zeile spüren. Dieses Stolpern und Tasten im Ungleichgewicht, während der Lauf der Dinge einen jeden Tag ein bisschen mehr schleift. Wenn man nicht aufpasst, verformt es einen. Von außen nach innen.

Und doch gab es dazwischen auch Momente der Klarheit, in denen ich mir meines Selbst ganz bewusst war. Als ob das Flüstern meiner Seele sich seinen Weg durch den Lärm bahnte und im Dickicht meiner Fragen aufblitzte wie ein Morsecode. Für einen Augenblick hatte der Weg klare Konturen. Für einen Augenblick war ich die Fährtenleserin. Für einen Augenblick erkannte ich den Plan. Und dann war er wieder da, der Nebel. Balance halten.

Erleichterung

Die größte Erleichterung ist,
wenn der Nebel verschwindet,
wenn das Fenster meines
inneren Auges endlich wieder blank ist
und ich in beide Richtungen sehen kann,
in mich hinein und von mir weg,
aus mir heraus und zu mir hin.

Wenn der Klammergriff der Anspannung,
dass da etwas sein könnte,
wogegen ich nicht gewappnet bin, von mir ablässt.
Wenn der Nacken weich wird, weil es in mir weich wird
und ich spüre, wie das Blut herzwärts strömt,
mich von innen nährt,
dann fällt es mir wieder ein,
das Leben.

Segen

Es gibt Begegnungen, die sind wie Gold. Nuggets im Fluss-bett des Lebens, auf die man nur deshalb stößt, weil man sie nicht gesucht hat. Sie finden einen. Alles andere wäre zu groß für ein Leben. Und dann öffnet sich etwas ganz tief in den Kammern der Seele. Ein Resonanzraum der Möglich-keiten aus vereinten Kräften. Potenziertes Potenzial. Wege, die man allein nicht gegangen wäre. Vielleicht, weil es sie gar nicht gab.

Die Musik, die hier entsteht, geht weit über die eigenen Begrenzungen hinaus. Sie öffnet Herzenshintertüren und er-schüttert Gedankenmauern. Und an der weichen Stelle, die keinen Namen hat und die wir so vehement vor der Welt beschützen, umfängt einen leise die Gewissheit, dass es gut ist, wie es jetzt ist.

Und das Korsett gibt ein bisschen nach.

Helle
Tage

Die hellen Tage waren groß und ihr Gewicht in der Waagschale änderte alles. Wenn die strenge Madame D. mein Französisch lobte und der Grammatiktest besser ausgefallen war als gedacht. Wenn das Kolloquium in der Kunstakademie konstruktiv war und der Nebel sich auflöste. Wenn ich mit B. im Café Montmatre saß und das Leben uns gehörte.

Manchmal schrieben wir einander kleine Zettel zwischen unseren Milchkaffees und kommentierten im Schutzraum der Geräuschkulisse das Gespräch zweier Männer am Nachbartisch. Als ich kürzlich eine dieser Notizen wiederfand, kamen mir fast die Tränen. Dieses Vertrauen, das uns wie ein elastisches Band zusammenhielt, war unser Zuhause.
Wir hatten es überall dabei. Wenn wir dem Bus hinterherrannten und zusammen zu spät kamen. Wenn wir gemeinsam ein Referat hielten oder am Küchentisch zeichneten. Wenn wir auf dem mitternachtsblauen Velourssofa im zugigen Flur unserer Wohnung Arthouse Filme auf DVD anschauten, die wir gegenüber bei Vertigo ausgeliehen hatten. In Decken gehüllt saßen wir in der Zeitlosigkeit dieser Momente. B. strickte und ich nähte. Wir lachten, denn wir hätten Großmütter sein können, die schon alles gesehen hatten. Es fehlte nichts, wir waren ganz. Das bedeutete viel.

Die hellen Tage waren jene, an denen es nach vorn ging, ohne dass ich mich anstrengen musste. Es waren jene, an denen die Zukunft über mir einen weiten Bogen spannte, weil plötzlich alles einen Sinn ergab. Dann konnte ich von der Schaukel bis zum Horizont sehen, weil mein Schwung so unfassbar gut war.

B.

Wir sprachen viel über das Sein und Seinlassen. Über Freundschaft und Liebe, und loteten aus, wo die eine begann und die andere aufhörte. Wir teilten den Alltag, die Miete und eine ähnliche Perspektive auf viele Dinge. Unsere Fragen waren verschieden und doch glichen sich unsere Antworten. Da war eine große Geborgenheit. Ich glaube, ohne B. hätte ich wesentlich mehr Schaden genommen. Wir mussten nicht streiten. Wenn es etwas zu klären gab, schrieben wir kleine Briefe und legten sie der anderen aufs Kopfkissen. Seit unserer ersten Begegnung war klar, dass wir viel füreinander sein würden.

B. hatte mit abrasierten Haaren und ihrer dunklen Brille im Raum mit all den anderen gestanden und hell geleuchtet. Ich hatte sie schön gefunden in ihrem schweren Wollrock und ihrer seltsamen Frisur, die ihr Gesicht so zum Strahlen brachte. Es war, als wüsste sie schon, wer sie war. Der erste Tag des Kunststudiums wurde der erste Tag unserer Freundschaft. Dieser große Raum, in dem wir schon alles waren.

Licht und Dunkelheit

Licht und Dunkelheit gehören zusammen. Sie sind Geschwister, Schwarz und Weiß. Sie können einander gegenüberstehen, so nah, dass man den Atem ihrer Verwandtschaft auf der Haut spürt. Sie können einander bei der Hand nehmen. Eins sein.

Sie können auf Abstand gehen und das so lange tun, bis sie sich ganz und gar aus den Augen verloren haben und nichts zwischen ihnen ist als Leere. Heimatlose Einsamkeit ist kurzsichtig und fahl. In ihrer Ödnis ist kein Platz für Farben und Wärme.

Licht und Dunkel sind Schwestern. Die eine begleitet uns durch den Tunnel, die andere empfängt uns auf der anderen Seite. Sie sind die Pole, zwischen denen alles gedeiht in den Wetterlagen unseres Seins.

In der Dunkelheit auf das Licht zu vertrauen, ist die größte Herausforderung. Es bei sich zu tragen, die bedeutsamste Aufgabe. Die ultimative Mission. Das wahre Geschenk.

Dein Licht in deiner Dunkelheit. Mein Licht in meiner Dunkelheit. Und spüren, dass wir Geschwister sind. Eine Hand an der feuchten Wand des Tunnels. Die andere in deiner. Und behutsam weiter, bis wir eine Tür erreichen. Gibt es keine, ist der Ausgang nicht weit.

Eine Tür nach draußen.
Eine Tür in die Wahrhaftigkeit der Natur.
Eine Tür in die lebendige Rastlosigkeit einer Metropole.
Eine Tür wie ein warmes Wort für ein hungriges Ohr.
Eine Tür, um einen Schritt zuzugehen auf einen Menschen, der festgewachsen ist.

Eine Tür wie eine Umarmung, wenn die Seele friert.
Eine Tür als Erinnerung, dass wir die Dunkelheit tragen, um
aus ihr zu erblühen.

An mein Ohr dringt ein Flüstern: *Nur Mut, Liebes. Dies ist
dein Weg. Einen Fuß vor den anderen bis zum Ende des Win-
ters. Dort warte ich mit dem Licht.*

Das Spiel

B. arbeitete in einer kleinen Bar am Hafen. Dieser Ort war mehr für sie als die finanzielle Absicherung ihres Studiums. Sie liebte es, unterwegs zu sein, Menschen zu begegnen, das Leben zu kosten. Hinter dem Tresen kam all das zu ihr. Sie hatte dieses Talent, die Schwere der Dinge aus den Stationen ihres Tages herauszuhalten, zu denen sie nicht gehörten, ohne dabei aus den Augen zu verlieren, was wichtig war. Sie hatte Vertrauen in die Zuverlässigkeit ihrer eigenen Kraft, und stellte nicht in Frage, dass alles so kommen würde, wie sie es brauchte.

An den Tagen ihrer Nachmittagsschichten besuchte ich sie manchmal auf ein Getränk und nahm mir was zum Lernen mit. Meistens ging ich unverrichteter Dinge wieder nach Hause, weil die Zeit verflogen war, ohne dass ich meine Bücher geöffnet hatte.

Eines Nachmittags nahm ein Mann mit dunklem Haar und Schnauzbart neben mir Platz. In seiner Erscheinung war eine Asymmetrie, die ich mir nicht erklären konnte. Sein Bart beherrschte auf merkwürdige Weise das Gesicht. *Na, junges Fräulein,* wandte er sich zu mir. *Ist Ihr Tagewerk vollbracht, und was wird der Abend bringen?* Bevor ich antworten konnte, sprach er weiter. *Was meinen Sie, wie lange dauert es wohl, einen solchen Bart zu züchten?*

So begann das Gespräch mit C., der uns offenbarte, dass er Schauspieler sei und soeben von seiner Maskenbildnerin kam, die ihm diesen Bart angeklebt hatte, den er nun auf Alltagstauglichkeit und Haltbarkeit testen wollte. Er hatte mit sich selbst gewettet, dass er es schaffen würde, Menschen, mit denen er sein halbes Leben verbracht hatte, innerhalb weniger Stunden zu beweisen, dass sie ihn nicht kannten, oder eben doch. Er würde zum Geburtstag seiner Schwester als der uneheliche, verschollene Sohn seiner Mutter auftauchen, der nun nach fast 50 Jahren zum ersten Mal in deren Leben trat. Seine Schwester war eingeweiht und hatte Gefallen an dem Gedanken gefunden, ihre Gäste aus der Komfortzone herauszulocken und ihnen ein Fest zu bereiten, welches als denkwürdiges Ereignis in ihrer Erinnerung hervorstechen würde.

Unser neuer Bekannter war nun also auf der Suche nach einer anderen Identität. Und weil B. und ich gleichermaßen Geschichten wie diese liebten, dauerte es nicht lange, und wir waren mittendrin. Gemeinsam dachten wir uns ein Leben für C. aus, der nun Herbert heißen sollte. Im Eifer des Gefechts entschieden wir, C. in einigen Wochen auf die Party zu begleiten. Als seine Tochter und deren Freundin, die gleichzeitig seine Geliebte war.

Wenn ich heute an diese Geschichte zurückdenke, staune ich über unseren Mut, dieses Theaterstück tatsächlich aufführen zu wollen.

Obwohl B. und ich über keinerlei schauspielerische Erfahrungen verfügten, zögerten wir keine Sekunde. Die Möglichkeit, für ein paar Stunden jemand anderes zu sein und einzutauchen in eine Welt, die uns fremd war und in der niemand das Geringste von uns erwartete, fühlte sich an wie das Ticket zu einem glitzernden Abenteuer. Wir konnten alles sein. Die Neugier auf das, was uns auf dieser Party erwartete, war viel größer als die Angst vor einer Blamage. Wir wollten spielen und allein das zählte.

Vier Wochen später betraten ein Mann und zwei junge Frauen einen geschmückten Garten, der an ein herrschaftliches Haus angrenzte, und das Fest nahm seinen Lauf.

37

Gezeiten

Ich habe das Zeitgefühl verloren. Vielleicht hatte ich es nie. Dieser Gedanke ist so wahr, wie er falsch ist. Wie ist es möglich, etwas zu verlieren, das man nicht fassen kann?
Tröpfelnde Minuten, ausufernde Tage und dazwischen namenlose Stunden im Spannungsfeld aus Dauer und Bedeutung. Ist das Zeit?

Es gibt Momente, in denen Ewigkeit und Bedeutungslosigkeit ganz nah beieinander liegen. Es gibt Gezeiten, die werden zu Fixpunkten und Weichen, zu Startblöcken und Landebahnen. Heute sehe ich sie vor mir in ihrer Flüchtigkeit, und ihre Spur endet genau hier, vor meinen Füßen. Andere Zeiten verschwinden im Nebel der Nicht-Erinnerungen, und ich kann nichts dazu tun. Welche Qualität meine Zeit besitzt, offenbart sich mir immer erst im Nachhinein.

Doch da ist etwas im Umbruch. Seit einer Weile scheint meine Zeit eine andere Dichte zu haben. Sie hängt mir im Nacken, blockiert den Rücken. An anderen Tagen ist alles weit und still und die Minuten wölben sich in einen leuchtenden Ferientag. Am Firmament Bedingungslosigkeit und Nicht-Müssen.

No strings attached.

Was für ein Gefühl.

Zeit.

Und dann, kurz bevor der Bogen überspannt ist, scheucht sie mich aus meiner Passivität und drangsaliert mich mit neuer Dringlichkeit. Das macht mich nicht schneller und erst recht nicht pünktlicher. Im Gegenteil. Das Zuspätkommen zieht sich. Schlechtes Timing ist so unangenehm. Wenn es hart auf hart kommt, kann es ein ganzes Leben ruinieren.
Ich beginne zu ahnen, was es mit dem Zeit-Gefühl auf sich hat. Es scheint eine Art Koffer zu sein, gefüllt mit Emotionen, die im größtmöglichen Kontrast zur Zeitachse der modernen Welt ihr Gewicht verändern.

Und so gibt es Tage, an denen das Gepäck leichter ist als an anderen. Vielleicht sind das jene Zeiten, an denen ich eine Spur hinterlasse.

Eine Spur, die von mir weg führt und hin zu dir.

T.

Das erste Mal sah ich T. in der Sprechstunde eines Päda-
gogikprofessors, in dessen Vorlesungen immer ein letztes
Nachwehen der 68er hing. Ich war hundemüde, es war kurz
nach acht. T. saß mir gegenüber und war wach. Er hatte et-
was Unbekümmertes an sich und keine Ahnung, wie gut er
aussah. Das fand ich sehr anziehend.

Einige Wochen später waren wir ein Paar. Ich hatte ihm in
dem engen Flur einen Papierschnipsel mit meiner Telefon-
nummer in die Hand gedrückt und ihm gesagt, er solle den

Zettel wegschmeißen und nicht anrufen. Das war vielleicht der lässigste Move meines Lebens. Zwei Tage danach saßen wir in einem Café am Markt und sprachen über das Reisen. Er erzählte vom Aufbrechen. Ich wollte ankommen. Damals glaubte ich, das wäre dasselbe.

Wenn ich an die Zeit mit T. zurückdenke, berührt es mich, wie sehr wir versucht haben, mehr füreinander zu sein. Heute weiß ich, dass T. mir gegeben hat, was er geben konnte. Aber weil es nicht das war, was ich brauchte, war es nicht genug. Ich habe T. gegeben, was ich mir von ihm wünschte, aber weil es nicht das war, was er suchte, war es zu viel.

Heute bin ich mir sicher, dass wir hatten, was uns möglich war, und dass wir waren, was wir sein konnten. Das Timing unser beider Existenzen war derart verschieden, dass es an ein Wunder grenzt, dass wir einander überhaupt begegnet sind.

Es war, als ob das Leben uns an jenem Morgen in diesem engen Flur ein schmales Zeitfenster geöffnet und uns das Angebot gemacht hätte, jetzt oder nie ein Stück des Weges miteinander zu gehen und aller Gegensätze zum Trotz ein Wir zu finden, das uns glich. Also nahmen wir an, fasziniert vom Leuchten und der Fremdheit des anderen, ohne uns darüber im Klaren zu sein, dass allein das unser Kitt sein würde.

Es wurde eine Reise, die uns näher zu uns selbst brachte. Aber weil unsere Fragen zu weit voneinander entfernt waren, blieb immer eine Sehnsucht zwischen uns, die wir nicht greifen konnten.

Per aspera ad astra*

Und dann kam der Sommer, der mein Nervenkostüm so dehnen sollte, dass es Risse bekam. Mein Plan war es, mich in einem Intensivkurs auf jene Prüfung vorzubereiten, von der mein Romanistikstudium abhing und an der schon viele gescheitert waren – das Latinum.

Ich würde meine kostbaren Semesterferien einer Sprache opfern, die sich anders anfühlte als jede andere Sprache, die ich je probiert hatte. Sie schmeckte fad und abgestanden und löste keine Neugier in mir aus. Sie war kantig und trocken in der Kehle. Sie hatte nichts von der harmonischen Eleganz des Französischen, vom blumig Vollmundigen des Italienischen, von der samtigen Schwere des Portugiesischen.

Da war nichts. Keine Note, kein Hauch von irgendetwas. Keine Regung. Kein Interesse. Nur der Zwang, diese Sprache als ein Hindernis überwinden zu müssen, damit es aus dem Weg war. Eine zweckentfremdete Hülle. Ich hatte meine Antipode zum *L'art pour l'art*** gefunden.

Das Lernpensum war gewaltig. Das Regenerationsbedürfnis meines Körpers auch. Als ich bereits in der zweiten Woche nicht mehr wusste, wie man schläft, dämmerte mir der Wahnsinn dieses Unterfangens. Es fühlte sich an, als hätte ich innerhalb kürzester Zeit meine gesamte Kraft aufgebraucht. Was als der Weg des geringsten Widerstands dahergekommen war, entpuppte sich als Kampf gegen Windmühlen. Ich hatte mich vollkommen verschätzt.

Und dann war alles ein Wanken. Panik hatte meinen Körper besetzt. In Dauerschleife machte sie auf sich aufmerksam. Hämmerte mein Herz gegen den Brustkorb. Drangsalierte mich ohne Unterlass. Plötzlich ging es nicht mehr darum, eine Prüfung zu bestehen, um einen Haken auf der To-Do-Liste meines Lebens zu setzen. Es ging nicht mehr um das, was vor mir lag.

Es ging um das, was in mir aus den F u g e n geraten war.

Ich war außer mir.
Hatte den Kompass verloren.

War so erschöpft, dass ich mir wünschte, e w i g zu schlafen.

Was auch immer Sie gerade tun, Sie müssen sofort damit aufhören, hörte ich den Arzt sagen. *Beenden Sie, was Sie kaputt macht, jetzt!*

Und dann war es vorbei.

Im folgenden Sommer bestand ich das Latinum.

*lat.: Durch Mühsal zu den Sternen

**Die Redewendung *L'Art pour l'Art* entstammt der französischen Kunsttheorie des 19. Jahrhunderts und bedeutet sinngemäß „die Kunst um der Kunst willen". Diese ästhetische Position besagt, dass die Kunst sich selbst genügt, weil sie in sich bereits vollkommen ist und somit keinem gesellschaftlichen oder politischen Zweck dienen muss, der nur von ihr ablenken oder sie gar verunstalten würde.

Wege

Wenn ich damals gewusst hätte, was ich heute weiß, hätte ich vielleicht kehrtgemacht und die Richtung geändert. Hätte aufgehört, gesellschaftliche Codes zu erfüllen, damit etwas aus mir werden würde. Hätte davon abgelassen, mich in Korsette zu zwängen, die nicht zur Anatomie meines Seins passten. Hätte aufgehört, Gedankenwegen zu folgen, deren inhaltliche Konzeption sich bisweilen anfühlte wie eine Verhinderung ihres eigentlichen Zweckes, nämlich einen Menschen aus mir zu machen, der weiß, wie Leben geht.

Doch ohne all das wäre ich nicht geworden, wer ich heute bin. Die Situationen, in denen ich mich fühlte wie die Einzige meiner Art. Die Momente, in denen ich mich am Gefälle meiner Begabungen und Unzulänglichkeiten abarbeitete und an dem Gefühl aufrieb, viel zu langsam voranzukommen. Die Tage, an denen ich mich fühlte, als würde ich meine Wärme abgeben und damit die Welt heizen. Auch sie waren mein Weg.

Und gleichzeitig spürte ich, dass da mehr war. Dass da draußen andere Wege warteten, die mich zu völlig neuen Ansichten über die Ordnung dieser Welt und das Gefüge meines Seins führen würden. Wege, die begehbar waren, ohne dass ich erst jemand anderes werden musste. Wege, an denen ein Wind wehte, der es vermochte, Türen aufzustoßen. Wege der Möglichkeiten.

Rote Fäden

Das Sein hinter dem Offensichtlichen zu suchen und auf-zuspüren, was uns alle vereint: Ist es nicht das, worum es eigentlich geht? Das Dazwischen als Zufluchtsort zu entde-cken, in dem es nichts zu beweisen gibt. Den roten Faden zu erkennen in den Verstrickungen dieser Tage, und lernen, lo-cker zu lassen, bevor ein Knoten entsteht. Winterharte Ver-bindungen zu knüpfen und das Band hochzuhalten, das uns verbindet. Spiegel zu sein auf Augenhöhe und es zu wagen, Blickkontakt zu halten, auch mit sich selbst.

Was nützt der aussichtsreichste Weg, wenn er einen das Wichtigste nicht lehrt?

Welche Chance hat die begabteste Läuferin, wenn man ihr die bedeutsamste Botschaft für ihren Lauf vorenthält?

Nämlich, dass sie nichts dafür tun muss, um ein wertvoller, unersetzbarer Teil des großen Ganzen zu sein, und dass es absolut nichts gibt, was an dieser Wahrheit je etwas ändern wird, ob sie das Ziel nun erreicht oder nicht.

there is always a red line

Das Lied der Stille

Ich habe ihn gefunden. Den Ort, an dem die Inspiration wohnt. In ihrem Garten gibt es uralte Bäume, die vom Zauber der Stille erzählen. Dort ist sie mir begegnet. Dort habe ich sie gesehen. In jedem Ton des Abendhimmels habe ich ihr Lied gehört.

Wohin mein Blick auch wanderte, sie war schon da. Hatte auf mich gewartet. Geduldig und vollkommen in ihrem Glanz. Sie lud mich ein, ganz bei ihr zu sein, und bei dem Wind, der sich ergeben hatte. Ich hielt den Atem an und ließ die Seele fliegen.

Ich saß im Frieden der alten Bäume, die wissen, was es bedeutet, nicht zu kämpfen. Jahrhunderte alte Wunder, die tief verwurzelt dem Himmel entgegenwachsen. Majestätische Botschafter des Lebens und der Hoffnung, denen die Eile nichts anhaben kann. Ihre Stille umfing mich. Die Zeit setzte aus.

Und ich war ganz.

Kreistag

Es ist 19 Uhr 53. Der Januar ist fast zu Ende. Seit zwölf Stunden fahre ich in den Süden. Eigentlich sollte ich längst da sein. Aber der Zug in die Berge ist ausgefallen. Nun sitze ich an einem neuen Fenster in einem anderen Zug und mein Blick hängt an der vorbeifliegenden Zeit.

Es gibt Tage, an denen geht es ohne Umschweife von A nach B. Aus zwei Punkten entsteht eine Gerade. Das Ziel ist das Ziel. Und es gibt Tage, an denen die Geometrie der Reise immer wieder ins Ruckeln kommt und der Stift ausbricht. Dann zieht das Leben Kreise und Wege kreuzen sich. Heute ist so ein Kreistag. Berührungspunkte und Schnittmengen stellen die Weichen auf meiner Spur.

Der Mann vor mir hat seinen Laptop aufgeklappt. In der dunklen Scheibe spiegelt sich ein Orchester, dessen Spiel er mit überdimensionierten Kopfhörern lauscht. Im Schutz seines Doppelsitzes dirigiert er mit Präzision die für mich stummen Musikanten. Gerade singt eine schmale Frau mit doppelten Konturen, ihr verschwommener Mund erinnert an einen Fisch mit Schnappatmung. Ich fühle mich wie eine Geheimagentin und schmunzle in mich hinein. *Ich sehe was, das du nicht siehst*, denke ich und finde den Mann rührend in seiner stillen Freude. Ohne dass er es bemerkt, streifen sich unsere Leben. Ohne dass er es weiß, gibt er etwas von sich preis. Seine Spur – ein Halbkreis.

Meine Gedanken beginnen zu wandern und ich denke an die erste Begegnung auf dieser Reise. Da war der Mann, der wenige Wochen vor Ende des DDR-Regimes aus dem Land geflohen war. Ich kenne seinen Namen nicht, vielleicht hieß er Peter. Er hat mir seine Geschichte erzählt, als habe er auf mich gewartet. Die Idee mit der Ausreise war eine Trotzreaktion gewesen, weil man ihm damals einen Stempel im Pass verwehrt hatte für einen Trip ins Ausland. Zu dieser Zeit hatte Peters Bruder bereits Monate im Stasi-Gefängnis in Bautzen verbracht und dessen Schicksal hatte begonnen, auf das der ganzen Familie abzufärben. Peter hatte es bewerkstelligen können, noch an jenem Tag die DDR zu verlassen. Er ging nach Schweden und wurde Fischer. Peter erzählte mir, wie die schwedische Gelassenheit ihn seither geprägt und er sich nie wieder auf etwas anderes verlassen hatte als die Stimme in seinem Herzen.

An diesem Morgen war er auf dem Weg zum Flughafen gewesen, um der Tristesse aller nordeuropäischen Winter davonzufliegen. So wie jedes Jahr, wenn er in der Fangpause seine Netze niederlegen musste. Erst wenn sich der Frühling endlich im Wasser spiegelte, würde er in den Norden zurückkehren. Das Schlimmste, was einem im Leben passieren könne, sei Kälte.

Am Bahnhof war Peter im Gewimmel der Reisenden verschwunden wie ein Farbklecks in einem impressionistischen Gemälde. Reflexartig hatte ich die Mütze tiefer ins Gesicht gezogen. Dabei war mir gar nicht kalt.

Elke war mir schon aufgefallen, bevor ich neben ihr Platz genommen hatte. Von ihr war eine mondäne Eleganz ausgegangen, wie man sie manchmal bei Menschen wahrnimmt, die wissen, wer sie sind, das aber niemandem beweisen müssen. Wir unterhielten uns über die Suche nach einem wahrhaftigen Leben. Es imponierte mir, dass eine Frau, die mehr als zwei Dekaden älter war als ich, derart vehement lebte und ihrem Sein kompromisslos auf den Grund ging. Ganz bewusst war sie allein unterwegs, um ihr eigenes Tempo auszuloten.

Elke erzählte mir von einem beglückenden Abend, an dem die Zeit für sie stillgestanden hatte, während die Amuse Bouches eines begnadeten Sternekochs in ihrem Mund eine Kaskade an Feuerwerken entfacht hatten. An jenem Abend war sie mit sich selbst ausgegangen, und das hatte völlig genügt. Sie hatte ihr schönstes Kleid getragen. Da war keine Bitterkeit oder Ironie in ihrer Stimme. Da war kein Schulterblick des Bedauerns auf das, was sie geliebt und verloren hatte. Sie hatte sich auf sich selbst eingelassen und war beschenkt bei sich angekommen.
Nichts ist inspirierender als Menschen, die der Leichtigkeit die Hand hinhalten und beherzt zugreifen, wenn der Moment da ist. Nicht aus Egoismus, sondern aus einer intakten Lust am Sein.

Es ist 22 Uhr 30, und der Januar ist fast zu Ende. Ich sitze im Zug auf der Zielgeraden. Endlich. Ich könnte überall sein und verlasse mich darauf, dass ich hier richtig bin. Wie ein schwarzer Vorhang hängt die Nacht vor den Scheiben. Schwer vorzustellen, dass dahinter majestätische Dreitausender an den Himmel stoßen. Den schönsten Teil der Reise hat die

Dunkelheit geschluckt: Wenn man eine Grenze passiert und sich sofort die Landschaft ändert und der Blick ihrer Menschen von einer anderen Sehnsucht erzählt. Dann beginnt das Unterwegssein zu wirken. Eine innere Weite tut sich auf, als ob die ungeschliffene Wucht der Landschaft in mich übergeht. Das Unbekannte da draußen lässt mich erahnen, was ich noch nicht von mir weiß. Wie ein Lied, dessen Melodie ich eines Tages singen werde, wenn es mich gefunden haben wird. Doch dafür braucht es Licht. Grenzen kann man nicht im Dunkeln überwinden.

Ich lasse mich auf den letzten freien Sitz fallen. Mir gegenüber sitzt ein Mann, dessen Uniform verrät, dass er bei der Österreichischen Bahn arbeitet. Sein Kollege neben mir hat seine Füße auf dem Platz gegenüber ausgestreckt und nippt an einem Feierabendbier. Diese Gelassenheit, denke ich, sich im öffentlichen Raum in Dienstkleidung als Privatperson zu zeigen und sich von der Verpflichtung zu befreien, gerade zu stehen, diese Gelassenheit ist es, die mich erkennen lässt, dass ich eine Grenze passiert habe und in einem anderen Raum angekommen bin.

Wir kommen ins Gespräch. Die beiden Zugbegleiter fragen mich, was ich zu dieser Uhrzeit in einem Zug mache, der weg von der großen Stadt und hinein ins Hinterland fährt. Ich erzähle, dass ich am nächsten Tag ein Konzert geben werde in einem kleinen Ort in den Bergen für Menschen, die ich noch nie zuvor gesehen habe. Einer der Männer googelt meinen Namen und hört sich einen Schnipsel meiner Musik auf YouTube an. Wenn heute kein Kreistag wäre, säße ich woanders und wir wären einander nie begegnet. Wenn heute kein Kreistag wäre, hätte ich mich auf dieses Gespräch vielleicht nie eingelassen.

Was moacht'n der fesche Hoasn hier? Eine Stimme schiebt sich in meine Gedanken. Ein Kollege der beiden Schaffner hat sich dazugesetzt und mustert mich erstaunt. Das Kompliment im Felltierkostüm zeigt auf fast satirische Weise die Komplexität des Knotens, den wir als moderne Gesellschaft noch zu lösen haben. Die Feministin in mir entscheidet, sich nur auf das Spiel einzulassen. Fast muss ich lachen. Der Tag ist schon alt und es fehlt das Licht. Heute wird alles bleiben, wie es ist.

Die drei Herren laden mich auf ein Getränk ein und wir erzählen Bahngeschichten. Ich staune über die jungenhafte Unverkrampftheit dieser Männer. Auch sie hätten bereits vor Stunden in jenem Zug sitzen sollen, der ausgefallen war – auf dem Weg in den Feierabend. Stattdessen sitzen sie hier und erkennen, was das Leben ihnen anbietet: eine andere Version dieses Feierabends.

Hinter dem letzten Tunnel verschwindet der dunkle Vorhang. Neben uns erstreckt sich ein Talkessel, dessen Dimension ich nur erahnen kann. In der Senke glitzern die warmen Lichter einer kleinen Stadt. Mein Zuhause für die nächsten Tage.

Und so schließt sich auch dieser Kreis.

Neue Welt

Wann immer es möglich war, verbrachte ich die Semester-
ferien in Frankreich. Seit ich nach dem Abitur einen Service
Volontaire Européen* in einem Kulturzentrum bei Paris
absolviert hatte, trug ich eine Wehmut in mir, die mich nicht
losließ. Dieses Land, seine Sprache und seine Menschen hat-
ten mich zu einem Teil meines Selbst geführt, ohne den ich
nicht vollständig war.

Doch dieses Land hatte mich auch herausgefordert wie kein
anderes, und mich in Situationen katapultiert, die jenseits
meiner Komfortzone lagen. Ich war kaum 20 und überwäl-
tigt von den Kontrasten, die mir in den Pariser Vorstädten
um ein Vielfaches extremer erschienen als in meiner be-
schaulichen Heimatstadt in Deutschland. Die Intensität und
das Tempo, mit dem mein Leben plötzlich Fahrt aufnahm,
glich einem vorbeirauschenden Güterzug. Ich stand am Gleis
und der Fahrtwind trieb mir Tränen in die Augen. Dabei war
ich mittendrin.

Auf offener Straße wurde mehrfach um meine Hand ange-
halten. Gleich zweimal musste ich die Nacht im verwaisten
Pariser Flughafen Charles de Gaulle verbringen, weil aufgrund
eines Streiks kein einziger Zug mehr in die Banlieues fuhr. Ein
halbes Jahr lang war ich gestalkt worden von einem Mann,
bevor er eines Morgens plötzlich am Bahnhof vor mir stand
und mit beunruhigender Genauigkeit Details aus meinem
Leben preisgab, die er nicht wissen konnte. Ich sah, wie
Mülltonnen und Autos direkt vor der Haustür brannten, weil
Frankreich ein Land war, das offenbar mit einem Teil seiner
Jugend nicht gerechnet hatte. Ich erlebte offensive sexuelle
Nötigung in Situationen, die kurz davor waren zu eskalieren
und mir die Bedeutung von Schimpfworten und Schutzengeln
in ihrer ganzen Tragweite vor Augen führten. Ich absolvierte
Praktika in Schulen, an denen das Lehrerpult leer blieb und

eine Notiz an der Tafel erklärte, dass die Lehrerin mit ihren Kollegen im Streik sei. Als alle wieder anwesend waren, bekam ich noch einen Heiratsantrag.

Manchmal brauchte es Mut, oft Vertrauen und nicht selten Humor, um durch den Moment zu navigieren. Aber meistens war es genug, mich von meiner Neugier an die Hand nehmen zu lassen. Sie führte mich in ein Land, dessen Bewohner eine tiefe Liebe für das Schöne, für die Kunst und die Leichtigkeit des Seins in sich tragen. Ein Land, in dem Kino und Essen zur kulturellen Bildung gehören. Ein Land, in dem Menschen verschiedenster Ethnien ihre Feste gemeinsam feiern.

Ein Land, in dem man aufsteht für die Freiheit und sich laut Gehör verschafft, statt den Unmut möglichst geräuschlos herunterzuschlucken. Ein Land, in dem ich zu ahnen begann, was Liebe ist. Ein Land, in dem ich verstand, dass Freundschaft kein Alter kennt. Ein Land, dessen Sprache etwas in mir zum Klingen brachte. Das etwas aufweckte in mir, was viel zu lange geschlafen hatte.

In Frankreich habe ich Menschen getroffen, die mich tief berührt und mein Leben für immer verändert haben. Von einer dieser Personen möchte ich hier erzählen.

*Europäischer Freiwilligendienst

Korridor der Worte

C. wohnte in einem Vorort von Paris in einem großen Wohnblock unweit des Bahnhofs. Das Gebäude hatte seine besten Jahre hinter sich, genauso wie der kleine Franprix-Supermarkt im Erdgeschoss, der immer dann geschlossen hatte, wenn man etwas dringend brauchte. Um ins Haus zu gelangen, musste man am Eingang einen vierstelligen Code eingeben. War die Zahlenfolge korrekt, schnappte die Tür mit einem lauten Ruck auf, der noch einige Augenblicke im Treppenhaus nachhallte. Es roch nach einem Mix aus Putzmitteln und Essen, Zigarettenrauch und Eile.

C. saß am Esstisch vor dem Fenster in ihrer Küche. Noch nie zuvor war mir eine Frau begegnet, die so viel Weisheit und mädchenhafte Schüchternheit zugleich ausstrahlte. Ihre hellen Augen verschwammen hinter starken Brillengläsern. Sie war Mitte 50 und ihr Gesicht war bemerkenswert weich.

Ihre Wohnung war wie sie, warm, licht und voller Frieden. Ich fühlte mich sofort zuhause. Dieses Gefühl hat mich nie wieder verlassen. An jenem Morgen, nach einer 18-stündigen Busfahrt von Ost nach West, zog ich mit zwei Koffern bei C. ein. Ich war nicht die einzige Mitbewohnerin. Seit ihre drei Kinder, die sie allein großgezogen hatte, aus dem Haus waren, vermietete C. die leeren Zimmer an junge Menschen, die von überall herkamen. Wer bei ihr wohnte, konnte am Frühstückstisch weit über den Tellerrand blicken.

flâneuses de la vie
retrouvailles et complicité
bonheur
simplicité
embellie
luminosité
profondeur
sincérité
cultiver le
jardin
intérieur
amitié
beauté
vitale

Obwohl mein Französisch in den ersten Wochen eine ziemliche Hürde darstellte, funktionierte die Kommunikation mit C. von Anfang an. Wenn nötig, sprach sie Englisch mit ihrem bezaubernden Akzent oder fand die Vokabeln, welche ich verstand, und korrigierte mich auf subtile Weise, indem sie meine Worte wiederholte, ohne sie zu bewerten.

Bald wurden unsere Gespräche länger und ich staunte, wie leicht es mir mit ihr fiel, mich auszudrücken. Es war, als gäbe es da einen Korridor, den nur wir beide kannten, der uns zu einem Raum führte, in dem es alle Worte gab, die für uns von Bedeutung waren. An diesem Ort dröselte die Zeit auf und mit ihr die beinahe zwei Generationen, die zwischen uns lagen.

Ich begegnete einer Frau, die ohne Bitterkeit von einem Leben erzählte, welches sie bereits als junges Mädchen sehr herausgefordert hatte. Schon als Kind hatte sie Probleme mit ihren Augen gehabt, und nun war sie nahezu erblindet. C. hatte immer unter ihrem Handikap gelitten, hatte sich in ihrer Jugend klein und unweiblich hinter der riesigen Brille gefühlt und sich so gut es ging unsichtbar gemacht.

In den nunmehr zwanzig Jahren unserer Freundschaft habe ich sie deshalb jedoch nie zornig oder wütend erlebt, selbst dann nicht, wenn sie mit ihrer großen Lupe mühsam die Post entzifferte und ich mich dafür schämte, wie schwer es mir fiel, das auszuhalten.

C. hatte sich auf die Suche gemacht nach einem inneren Weg, um die äußeren Konditionen ihres Lebens akzeptieren zu können. Sie hat ihren Körper nicht an allen Tagen zu lieben vermocht, doch sie hat ihre Gabe, mit dem Herzen zu sehen, immer mehr verfeinert. Sie kann die Dinge des Lebens so gut sehen wie niemand sonst.

Ich war 20 Jahre alt und vor mir saß eine Frau, in deren Augen ich groß war. Die wunderbaren Dinge, die sie in mir sah, konnte ich nur erahnen. Eine Träne hatte sich in meinem Wimpern verfangen. Es fühlte sich an, als würde etwas in mir aufbrechen.

C. war 54 Jahre alt und vor ihr saß eine junge Frau, in deren Augen sie schön war und vollkommen in ihrer berührenden Weichheit und der Tiefe ihres Wesens. Eine Träne hatte sich aus ihren Wimpern gelöst. Es war, als würde etwas von ihr abfallen.

Nach diesem ersten gemeinsamen Jahr folgten viele Sommer. Das Band unserer Freundschaft reicht bis in die Gegenwart. Wann immer wir uns sehen, treffen wir uns im Korridor und plötzlich

finde ich mehr Worte als ich kenne.

Dünne Luft

Kaum zu fassen,
Die Welt aus den Angeln.
Nichts geht mehr.
Apnoetauchen
Im Wechselbad
Der Gefühle.

Kaum zu fassen,
Zwischen vorher und nachher
Klemmt das Leben.
Die Zeit zieht sich.
Hinter Masken
Steht die Luft.

Kaum zu fassen,
Liebeslieder in Pantoffeln
Auf der Bildschirmbühne
Am alten Sofa
Regnen Herzen
Auf die Bretter der Welt.

Kaum zu fassen,
Wir sind aus den Fugen.
Verstellte Wege und
Offene Fragen sagen:
Lasst das Wollen
Und wagt das Sein.

Fortsetzung folgt

Was, wenn die Geschichte des eigenen Seins plötzlich aufhört, mitten im Satz? Wenn auf der nächsten Seite kein einziges Wort mehr steht? Noch nicht einmal drei Punkte für Fortsetzung folgt? Was, wenn es kein Morgen gibt? Wenn die letzten Minuten so alltäglich sind, dass es ein Skandal ist?

Jedes Aufatmen, jedes Einatmen das kostbarste Geschenk. Jedes Ausatmen und Luftanhalten eine Kühnheit. Jede Sekunde eine Chance, wirklich zu sein.

Die Zeit ist um. Das Ruder blockiert. Die Gedanken in der Sackgasse. Das Mitgeschleppte im Rucksack bis zum Schluss. Kein neuer Horizont. Kein Sprung über den alten Schatten. Kein neues Spiel mit der Leichtigkeit. Das Nichtgesagte bleibt als Lücke zurück. Wer ahnt denn, dass an dieser Stelle der Platz für das letzte Wort war?

Leben, als ob es der letzte Morgen wäre, der letzte Satz, das letzte Wort. Aus der Sackgasse ausziehen und Heimat in neuen Horizonten suchen. Den Rucksack ausschütten und zurücklassen, was nicht mehr dienlich ist. Sich dehnen, damit der Sprung über den alten Schatten doch gelingt. Lernen, gnädig zu sein mit dem Menschen im Spiegel und jenen, die danebenstehen.

Alle Schätze, die nicht ausgegraben sind, werden verborgen bleiben. Jede Sehnsucht, die nicht gestillt wurde, wird ewig hungrig sein. Jede Berührung, jedes Versprechen bleibt kalt. Keine Zeit.

Die Zeit ist jetzt:
Träume über Begrenzungen hinauswachsen lassen. Gelegenheiten beim Schopfe packen und Zukunft aus ihnen machen. Die eigene Wahrheit sprechen, begreifen, leben. Sich trauen, falsch zu liegen. Sich zutrauen, richtig zu liegen. Der Sehnsucht Gehör schenken und Berührung zulassen. Es wagen, zu verzeihen.

Und endlich dem Menschen auf die Spur kommen, dessen Schritte du gehst.

Berührung

Ich mache eine Reise. Diese vier Worte schmelzen auf der Zunge hinter der Maske wie ein Stück Schokolade mit Salzkaramell nach der Fastenzeit. Ich sitze im Zug und will, dass es endlich losgeht. Kann man Sehnsucht nach genau jener Situation empfinden, die man gerade erlebt? Da hat sich so viel angestaut. Fernweh und Ungeduld.

Ein kurzes Ruckeln und die Bahn setzt sich in Bewegung. Ich bin auf dem Weg. Eine spontane Entscheidung für das Jetzt zwischen Aushalten und Lockerlassen. War der richtige Moment jemals so sehr eine Frage des Ermessens, wie er es heute ist?

Ich bin froh, hier zu sitzen. Geradezu erleichtert. Mit jedem Meter, den der Zug mich durch den Abend trägt, werde ich wacher. Winterkahle Scherenschnitte fliegen am Fenster vorbei. Der Himmel ist magentafarben und ich fühle mich beschenkt. Die Welt da draußen ist ein Karussell, das sich in die richtige Richtung dreht. Heute geht es nach vorn. Das kann man leicht vergessen. Ich ziehe mein Telefon aus der Tasche, will den Moment festhalten. Doch das Foto zeigt nur weißes Abteillicht und eine schäbige Reflexion meines Handys.

Der Zug ist nicht so leer, wie ich gehofft hatte. Habe ich das gerade wirklich gedacht? Kann man nach all den Monaten des Mitsichseins noch immer allein sein wollen? Eigentlich will ich gar nicht, dass der Zug leer ist. Ich will, dass er voll ist. Gefüllt mit Menschen, deren Leben sich in diesem Wagon streifen, als wäre es das Natürlichste der Welt. Ich will mich fragen, wohin sie wohl fahren und was sie sehen, wenn sich die Landschaft in der Dämmerung auflöst und wir dieselbe Luft atmen.

Eine kleine Familie nimmt unweit von mir Platz. Eine Mutter mit ihren beiden Kindern. Die junge Frau und ihre Tochter tragen Kopftücher und sitzen eng beieinander. Die Kleine ist vielleicht fünf. Ihr Bruder, ungefähr doppelt so alt, sitzt ihnen gegenüber. Sein Blick sagt: *Ich passe auf euch auf.* Das Mädchen hält eine Tüte Supermarktpopcorn in der Hand, welches sie sich fröhlich in den Mund steckt. Ihr Tuch ist fast vollständig vom Kopf gerutscht, und lange werden die Haare sich wohl nicht mehr im Zaum halten lassen. Ich lächle in ihre Richtung. Wie unbeschwert sie ist.

Na, wie schmeckt dein Popcorn?, frage ich. Ihre Augen leuchten mich an und blicken sogleich fragend in Richtung der Mutter. Als diese nickt, steht die Kleine auf, kommt auf mich zu, streckt ihre Arme weit nach vorn und hält mir entschlossen die Popkorntüte hin. Ich bin so gerührt, dass ich kurz schlucken muss.

Wenn wir nur alle mit den Augen dieses Mädchens sehen könnten. Mit dem Blick des Herzens und der Freude. Hinter die Fassaden und über die Mauern und von Mensch zu Mensch. Wenn wir nur alle der Sprache des Herzens so mächtig wären wie dieses Kind. Dann könnten wir vertrauen. Und wir wüssten, wir alle zusammen halten die Fäden in den Händen für das Jetzt und Hier. Wir würden es einander lehren und weitergeben. Von Mutter zu Tochter. Von Vater zu Sohn. Und hinaus in die Welt.

Wie gut, dass dieser Zug voller ist, als ich dachte.

Kitt

Kurz vor Semesterende verwandelte sich das Treppenhaus des Romanischen Seminars in eine Bühne. Diese beiden Stunden waren die Krönung meines Romanistikstudiums. Dieses eine, besondere Fest, auf das ich hinlebte, weil es alles andere geraderückte. Ein Geheimtipp, der zum Event avanciert war. Ein musikalisch-literarischer Abend, organisiert von einer Gruppe aus Studierenden und Lehrenden. Kein Casting. Keine Rangordnung. Kein Kräftemessen. Nur unsere Stimmen in der kühlen
        Echokammer
                      des
                            Treppenhauses.

Wir teilten die Freude an lebendiger Sprache, beflügelt von der Idee, gemeinsam etwas zum Klingen zu bringen. Heute glaube ich, es war viel mehr als das. Wir kamen zusammen, um unsere Batterien aufzuladen. Wie eine Familie, die sich viel zu selten sieht und bei jeder Begegnung feststellt, wie gut man es doch miteinander hat.

Am Abend der Aufführung summte das sonst so stille Gebäude wie ein Bienenstock. Bis unters Dach saßen Studierende und Lehrkräfte eng zusammengepfercht auf der steinernen Treppe. Sie alle waren gekommen, uns zu lauschen. Welche Symbolik in diesem Moment lag, wo jede Hierarchie aufgehoben war, weil sprichwörtlich
alle
    auf
        derselben Stufe waren.

An diesem Abend ging es um das, was uns verband, weil für das, was uns trennte, kein Platz war. Die Brücken, die hier entstanden, brachten das alte Gemäuer zum Klingen, als wäre es einzig zu diesem Zweck erbaut worden.

Als ich mit F. Lieder aus dem Film *Die Kinder des Monsieur Mathieu* sang und unsere Freundin I. uns am Klavier begleitete, war es, als ob alle Wege zu diesem Moment geführt hatten. F. kam von der Insel Réunion und war im ersten Semester meine Dozentin gewesen. Unsere Freundschaft hatte sofort begonnen, in der allerersten Minute, und wir hatten nichts dazu tun müssen.

I. unterrichtete niederländische Philologie und ich bewunderte, mit welcher Leidenschaft und Präzision sie über die Phonetik von Vokalen sprechen konnte. Sie war die begabteste Musikerin, die mir je begegnet war. Sie hatte uns zur Musik hingeführt wie in einen Garten, dessen Geheimnis nur sie kannte. Eine so intensive Begegnung mit einer Komposition, die nicht meine eigene war, hatte ich noch nie zuvor erlebt. Als unsere Stimmen und das wunderbare Klavierspiel die Weite des Raumes erklommen, erfüllte mich ein tiefes Glück, dessen Farben ich in mir abspeicherte.

So wie man es tut,
wenn man erkennt,
dass es diesen Moment
nur ein einziges,
unwiederbringliches Mal
geben wird.

KLANGWELTEN PRÄSENTIERT

LYRIK IM TREPPENHAUS

DES ROMANISCHEN SEMINARS,
BISPINGHOF 3 A

02.07.2008

EINTRITT FREI. 20:00

NACH EINER IDEE VON RALF NAUEN

AUFBRUCH &
WIEDERKEHR

Kleine Schwester

Ohne *Lyrik im Treppenhaus* wäre mir auch E. nicht begegnet. Sie war Dozentin für Portugiesisch am Romanischen Seminar und hatte die melancholische Wärme des Südens zu uns ins Treppenhaus gebracht. In ihren Worten schwang der Kontrast zwischen der Heimat ihres Herzens und dem Zuhause ihres Präsens. Ich spürte den Fado und seine Tiefe in ihrem Blick. Ich mochte sie auf Anhieb.

E. lud mich zu sich nach Hause ein, wo sie zwischen überbordenden Bücherregalen köstlichen Bacalhau und Vinho Verde servierte. Ihre Gastfreundschaft war überwältigend. Sie stellte mir ihre Kinder vor: C. und ihr Bruder waren zu dieser Zeit 14 Jahre alt. Noch nie hatte ich zwei junge Menschen getroffen, die derart höflich und fast unwirklich erwachsen wirkten. Sie strahlten eine verhaltene Neugier aus, die mich berührte. Und da war noch ein Gefühl, das ich nicht benennen konnte. Etwas Vertrautes ohne Namen.

Ich sollte in den nächsten Jahren viel über diese besondere Familie erfahren, die mich dann und wann an meine Herkunftsfamilie erinnerte. Besonders C. und ich verbrachten oft Zeit miteinander.

Die Vehemenz, mit der C. unbequem sein konnte, wenn ihr Herz für etwas schlug, liebte ich besonders an ihr. Sie erinnerte mich an mein eigenes jüngeres Ich. Ihre Integrität und der Mut, ihre Wahrheit zu sprechen, waren ihre Superkräfte, doch davon wusste sie noch nichts. Immer wieder stieß C. an Grenzen, weil sie mehr verlangte als das, was zu erwarten war. Sie wollte echte Perspektiven und Antworten ohne doppelten Boden. Sie suchte Heimat in einer Welt zwischen zwei Kulturen. Sie war dramatisch, laut und kompromisslos lebendig. C. wurde die kleine Schwester, die ich nie hatte.

Der Wunsch, dem guten Leben auf die Spur zu kommen,

verbindet uns bis heute.

Denn niemand sucht das Glück so konsequent wie wir.

Goldfäden

Ich kann nicht glauben, dass du gehst. Du bist mir ans Herz gewachsen. Du ziehst Fäden, weil es Nähte gibt, die spannen. Ein sauberer Schnitt kann die größte Befreiung sein. Dein wichtigstes Kleid passt nicht mehr.

Unseres ist warm und solide. Wir sind hineingewachsen und haben es ausgefüllt. Es ging ganz leicht. Wir sind verwoben in das, was wir haben. Und was wir haben, ist gut.

Aus unserem Jetzt und Hier wird ein hier und dort. Wir werden anderen Zwirn brauchen. Flexibel muss er sein und den Ozean überspannen, der dann zwischen uns liegt. Wir werden uns dehnen und es neu umsäumen, unser Kleid.

Lass uns Goldfäden hineinweben wie *Kintsugi*. Nicht weil etwas zerbrochen ist, sondern weil das, was uns zusammenhält, von unschätzbarem Wert ist. Die leuchtende Naht im Quilt unserer Tage.

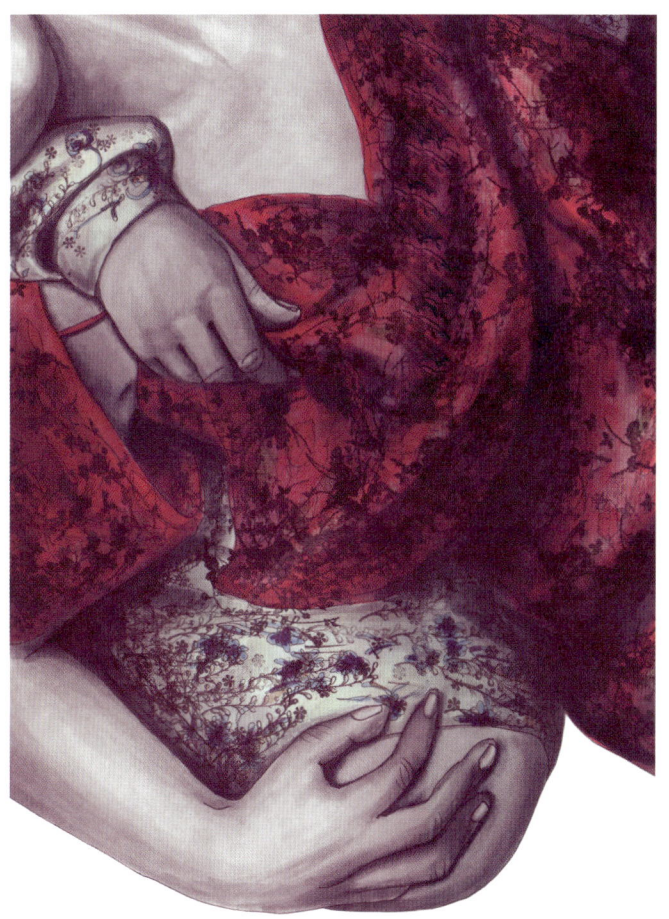

Kontaktanzeigen

Ich liebte es, in Cafés zu sitzen. Manchmal traf ich niemanden und begegnete mir selbst. Ich mochte das Gefühl, meine Lebendigkeit in diesem Pool von Fremden zu spüren. Ich konnte einfach dasitzen und mir ausmalen, welche Fragen sich die Menschen um mich herum stellten und ob es stimmte, dass die lautesten Stimmen jene waren, deren Suche nach Antworten am dringlichsten war. Ich mochte, wie es sich anfühlte, einer Person das erste Mal zu begegnen. Es war, als würde ich mich selbst neu kennenlernen. Und später das warme Gefühl, wenn man einander schon etwas kannte und der Ort, an dem man sich befand, sich auflöste und das Außen keine Rolle mehr spielte.

Meine Freundschaft mit A. begann im Café Montmatre. Er saß vor mir mit runden Schultern und seinem gütigen Blick. Ich hatte ihm eine E-Mail geschrieben auf seine Kontaktanzeige und ihn darauf hingewiesen, dass seine französische E-Mail-Adresse nicht sehr vertrauenserweckend war, denn ins Deutsche übersetzt verhieß sie nichts Gutes. Er lachte und erzählte mir, dass er weder Ahnung habe von der französischen Sprache noch von der Botschaft seiner Mailadresse und dass einige der Buchstaben lediglich eine Abkürzung seines Nachnamens seien.

An den Wochenenden lasen B. und ich beim Frühstück oft die Kontaktanzeigen und schmunzelten über die Geschichten, die sie erzählten. Wie gut, dass A. diese seltsame Mailadresse hatte, die ich nicht unkommentiert lassen konnte. Sonst wären wir einander nie begegnet.

Ich mochte die Gespräche mit A. sehr. Wir schrieben einander Emailbriefe oder trafen uns in Cafés. Wir sprachen über das Leben und die Kunst. Er war ein feiner Beobachter, aufmerksam und zurückhaltend, mit einer großen Präsenz.

A. nahm Anteil an meinem Leben, und das bedeutete mir viel. Ich nahm Anteil an seinem Leben und staunte über die Ruhe, mit der er den Stürmen seines Alltags begegnete. Seine Arbeit in der forensischen Psychiatrie hatte A. in die Abgründe der menschlichen Psyche schauen lassen. Er hatte gelernt, Grenzen zu ziehen. Er wusste, was er brauchte, und er wusste, wer er war. Seine Fragen waren aufrichtig. Und er stellte sie leise.

A. bewertete nicht, was er nicht ändern konnte. Er nahm hin, was nicht in seiner Macht lag, und er ging weiter, wenn ein Kapitel vorüber war. Er gehörte zu den Menschen, denen ich das Glück am allermeisten wünschte. Vor Kurzem schrieb er mir, dass er es gefunden habe.

Hoffnungsblumen

Die Hoffnung ist eine Blume,
die zu einem Baum heranwächst,
wenn wir sie nähren.
Frieden ist, wenn wir uns im anderen erkennen.
Wenn dein stolperndes, hungriges Herz
auch mein eigenes ist.
Hoffnung ist die Pause von der Angst.
Hoffnung ist Perspektive.
Frieden ist das Gegenteil von Trennung.
Frieden ist Annahme.
Wir sind die Gärtnerinnen des Friedens.
Wir sind die Gärtner der Hoffnung.
Was wir sähen, wird wachsen.
Und sei es noch so klein.

Flowers of hope

Hope is a flower growing into a tree
when we nourish it.
Peace is, when we recognize
our self in the other.
When the stumbling, hungry heart of yours
is also mine.
Hope is the antidote to fear.
Hope is perspective.
Peace is the remedy to separation.
Peace is acceptance.
We are the gardeners of peace.
We are the gardeners of hope.
What we plant will grow.
And even if so small.

Les fleurs de l'espoir

L'espoir est une fleur qui deviendra
un arbre si nous la nourrissons.
La paix, c'est quand on se reconnait dans l'autre.
Quand le cœur affamé et trébuchant
qui bat en toi est aussi le mien.
L'espoir, c'est la pause de la peur.
L'espoir, c'est d'avoir une perspective.
La paix, c'est le remède de la séparation.
La paix, c'est l'acceptation.
Nous sommes les jardinières de la paix.
Nous sommes les jardiniers de l'espoir.
Ce que nous planterons, va grandir.
Et même si c'est tout petit.

Papa

Wenn ich die Sterne über mir sehe, denke ich an dich. Und an die Milchstraße, die so hell und klar leuchtete über dem alten Garten mit dem alten Haus, das du mit deinen Händen jedes Jahr ein bisschen fester zusammenhieltest. Deine starken Hände, die so kaputt waren und müde von der Arbeit. In der Nacht, als deine Seele zu Gott flog, leuchtete der Himmel so hell wie noch nie. Da wusste ich, du bist zuhause.

Der See

Seit es kein Wir mehr gibt, sagst du, gibt es auch kein Ich. Seit Er fehlt, ist es, als könntest auch du nicht mehr sein. Seit Er fort ist, bist du woanders.

Die Lücke ist groß wie ein See, und du bist das Boot ohne Kompass. Du sagst, wenn jeder Morgen sich anfühlt wie ein dunkler Abend, dann ist es völlig nebensächlich, ob man die Segel setzt oder nicht. Weil es nichts ändert. Weil das Leben dich betrogen hat. Weil es dich übrig gelassen hat auf grausame Weise, gerade dann, als der Wind für euch endlich stimmte.

Ich würde dir so gern sagen, dass du noch immer am richtigen Platz bist. Denn du bist das Boot, und das Wasser ist dein Element. Deine Segel sind gemacht für den Wind und seine Bewegung. Vielleicht bist du gerade jetzt, wo du sein sollst, viel mehr als jemals zuvor.

Wie kannst du das sagen, magst du einwenden, in meinen dunkelsten Stunden, wo die Segel wie zerschlissene Fahnen am Körper hängen und nichts von Bedeutung ist? Wo der Wind von allen Seiten auf mich einbläst und ich ihm völlig ausgeliefert bin, gefangen in diesem Strudel aus Stillstand. Es saugt mich ein, sagst du. Ich gehe unter. Und das Schlimmste ist, dass ich die ganze Zeit dachte, ich könnte schwimmen.

Du bist das Boot, und der See dein Pendant. Du bist verwoben in deine eigene Zeit. Du bist nicht übrig. Niemand ist am Leben, um überflüssig zu sein. Vielleicht heißt leben, sich dem Sturm zu stellen und sich zu ergeben. Sich treiben und dabei formen zu lassen, uferwärts. Von der Mitte des Sees führt jeder Wind zum Land. Hin zu dir. Zu dem, was auf dich wartet, wenn das Wasser weniger wird und die Lücke schrumpft. Wenn neue Küsten entstehen und Sehnsüchte, von denen du jetzt noch nichts weißt. Neuland in dir. Damit du übers Ufer treten und zurückkehren kannst.

In den Fluss deines Lebens, der dich trägt.

Ein Spalt Frühling

Ich brauche nichts,
es ist alles da.
Kein Sehnen, kein Suchen, keine Eile.
Etwas ist aufgesprungen in mir,
eine Klammer mitten im Satz.
Ein Raum lebendiger Leere,
absichtsloser Freiheit.
Eine Pause von der Zeit,
nur ich geborgen
in Möglichkeiten.

Ich atme Verheißung
durch geschlossene Lider.
Da ist ein Spalt,
durch den das Licht fällt.
Der Tag, tiefblau und hell
sinkt in mich hinein.
Es ist alles da,
Wärme und Glück,
das Echo des Frühlings
in meinem schweren Körper.

Nach dem Sturm

Letztlich ist alles eine Frage der Perspektive. Die Wahrheit liegt genau da, wo unsere Glaubensmuster sie verorten. Ich war viele Jahre fest davon überzeugt, dass meine Begabungen, diese wundervollen Extras im Werkzeugkoffer meines Lebens, nicht ohne einen Preis seien. *Was kannst du eigentlich nicht? Bei der Verteilung der Talente hast du ja ordentlich abgeräumt!* Variationen dieses Satzes hörte ich nicht selten, und eines Tages begann ich mich zu fragen, ob diese offensichtliche Übervorteilung sich nicht irgendwann rächen und der Irrtum auffliegen würde.

Und so wurde die Krankheit der Gegenpol zu meinen Begabungen. Eine Art naturgegebenes Gleichgewicht, um die Ungerechtigkeit aufzuwiegen, dass andere scheinbar über kein sichtbares, signifikantes Talent verfügten, während ich mehrfachbegabt war. Plötzlich wurde mein Alltag gelebter Beweis für diese These.

Ich war Mitte 20, und es fühlte sich an, als würde mein Leben mir zwischen den Fingern zerrinnen. Ich war gerade aus dem Krankenhaus entlassen worden. Die Heilung würde Geduld erfordern. Da war diese diffuse Angst zu zerbrechen an dem, was der Alltag mir abverlangte, ganz zu schweigen von meinem Studium. Ich sah meine Kommilitoninnen mit leichtem Gepäck in ihr Leben tanzen und beneidete sie um ihre Schwerelosigkeit. Was war mit meiner Leichtigkeit geschehen?

Wäre da nicht die Musik gewesen. Jene leise Stimme, die in meinen dunkelsten Stunden anklopfte und mich fragte, ob ich etwas zu sagen hätte. Die mich zwang, nachts das Licht anzuschalten und Worte aufs Papier zu schütten, bis der Strom versiegt war. Die meine Finger auf die Tasten band und nicht von mir abließ, bis der neue Song da war. Die Melodie in meiner Kehle erinnerte mich an mein Geschenk. Als ich kein Licht sehen konnte, fand ich ein Lied in mir. Als es ganz dunkel war, begann meine Reise.

Es fühlte sich an wie ein Auftrag. Das Ringen und Hadern zwischen den Polen, das Straucheln zwischen den Kontrasten wurde mein Katalysator, um etwas zu erschaffen, in dem Frieden lag. Um die Intensität meiner Wirklichkeit in etwas zu verwandeln, das meinen inneren Kosmos in der Welt da draußen verankerte und mich zu mir nach Hause brachte. Um das Hier und Jetzt mit anderen Augen sehen zu können, musste ich lernen, mich mit anderen Augen zu betrachten. Um bei mir anzukommen, musste ich etwas in mir an die Oberfläche holen. Und ich musste vertrauen, dass da immer eine Melodie sein würde.

Jede Herausforderung ist eine Erinnerung an das Versprechen, den Frieden in mir zu suchen und den Anker neu auszurichten. Jeder Nebel ist ein Wegweiser, nach innen zu schauen und zuzulassen, was gerade ist und sein darf. Wenn die Sicht im Außen verschwimmt, wartet die Antwort in mir.

In jedem Sturm ist ein Lied.

Von Wurzeln und Wellen

Ich will Wellen schlagen.
Doch heute reicht es nur für leise Tränen. Ich habe die Waffen niedergelegt. Die Rüstung ausgezogen. Bin an mich herangetreten. Ganz nah. Da ist keine Kraft für müssen. Ich kann nichts als sein.

Ich will Raum einnehmen.
Doch heute wohne ich nur in mir. Mein Körper ist ein Fenster nach innen. Es ist, als stünde die Zeit still für mich. Als ob mein Frühling noch warten müsse, weil die Wurzeln noch nicht tragen. Drei Wunden ändern ihre Farben auf meinem Bauch. Dahinter ist ein Schmerz, der mich an mich selbst erinnert. Dort, wo die Fäden zusammenlaufen.

All das, was mich zusammenhält.

Heilung hüllt mich ein wie ein Schleier. Sie ist besänftigend und gewaltig zugleich. Dämmt den Blick und schärft die Sinne. Zieht alle Kraft nach innen. Der Knoten in meinem Inneren weicht auf, gibt nach, hin zu einer Erleichterung, weil etwas gehen kann, das nicht mehr meins ist. Etwas Altes, dessen Spuren verwittern werden in einem neuen Frühling.

Und dann, wenn die Luft ganz raus ist, wird es Zeit sein. Der Schleier wird sich lüften und die Taubheit mitnehmen. Die Haut wird sich entspannen, dort, wo die Nadel war. Ich werde all das fühlen, was ich schon jetzt weiß. Ich werde Wellen und Wurzeln schlagen in meinem Frühling.

Und dann werde ich den Raum hinaustragen, der in mir ist. Und die Welt wird ein Stück größer sein.

Lebenslieder

Anfang Februar veranstaltete die Kunstakademie den Rundgang, eine für die Öffentlichkeit zugängliche Jahresausstellung der Studierenden aller künstlerischen Klassen. Der Januar riss auch die Letzten aus dem Winterschlaf, wenn in Nacht-und-Nebel-Aktionen Konzepte verworfen, um Polepositionen an der Wand gestritten und Abendstunden bis in den Morgen gedehnt werden mussten. In einem Jahr hatte ich die Idee, eine Performance aufzuführen. Ich wollte Menschen fotografieren, ihre Portraits auf ein großes Schwarz-Weiß Format aufziehen und am Flügel aus ihren Gesichtern spielen, als wären es Noten.

Ich wollte in der Musik ausdrücken, was ich fühlte, wenn ich diese Menschen ansah. Ich wollte herausfinden, ob es möglich war, diese Emotionen auch den Zuhörern und Zuschauerinnen zugänglich zu machen. Und ich wollte meine Modelle zu meiner Performance einladen und sehen, ob sie sich wiedererkannten in der Melodie, welche ich in ihren Gesichtern finden würde.

Für das Foto musste ich ganz nah an die Menschen herantreten, die bereit waren, sich portraitieren zu lassen. Zwischen uns waren nur wenige Zentimeter, und ich spürte die Energie ihrer Körper, während ich durch den Sucher schaute. Ich sah die Lebendigkeit in den Augen einer Freundin tanzen. Ihr Gesicht war übersät mit Sommersprossen, sie waren wie zahllose Attribute zu ihrem Namen.

Ich fühlte die Sanftheit im Blick meiner französischen Gastmutter, die ich bei meinem Projekt unbedingt dabeihaben wollte. In ihrem Ausdruck lag eine große Weite. Sie nahm so viel mehr wahr als andere, obwohl ihre Augen schon lange keine Details mehr einfingen.

Ich sah Entschlossenheit zwischen zusammengezogenen Augenbrauen, machte Enttäuschungen in Mundwinkeln aus und erhaschte Spuren der Party von letzter Nacht. Ich sah Hoffnung, Mut und Gelassenheit, Ungeduld und offene Fragen. Ich begriff, dass diese kleinen Momente viel mehr waren als die Abbildung einer Hundertstelsekunde Leben. Sie waren die Erlaubnis, sich wirklich zu zeigen, einander zu erkennen und für einen Augenblick verletzlich und weich zu sein. Wir waren verbunden in unserer Suche nach dem Sein. Einen winzigen Moment lang waren wir gleich. Dankbarkeit sank in mir herab wie ein Anker. Bis heute kann ich ihn nach oben holen und diese Wärme spüren.

Ich kam gut voran, doch bisher hatte ich hauptsächlich Frauen fotografiert, und für ein vielschichtiges Ensemble fehlten mir für meine Performance noch ein Mann in der zweiten Lebenshälfte und eine Person, deren Gesicht von einem sehr langen Leben erzählte.

In dieser Zeit hatte ich einen Termin bei meiner Gynäkologin. Im Wartezimmer keines anderen medizinischen Zweiges geht es bunter und diverser zu. Frauen aller Altersstufen und Milieus teilen sich den Raum und lächeln einander zu, scheu oder offenen Blickes.

Mir gegenüber saß eine Frau, deren Ausstrahlung mich sofort in ihren Bann zog. Ich schätzte sie auf Anfang 80. Sie sah aus wie jemand, die ihr Leben mochte und mit sich selbst im Reinen war. Sie hatte ein ebenmäßiges Gesicht, mit wachen, strahlenden Augen zwischen unzähligen Falten. Sie war schön.

Jetzt oder nie. Ich sprach sie an und erzählte ihr von meinem Projekt und dass ich sie gern fotografieren würde. Es war, als kannten wir uns schon ewig. Sie war sofort einverstanden und lud mich zu sich ein.

Es ist seltsam, ich erinnere mich nicht an ihren Namen. Aber das Gefühl der Vertrautheit, das wir sofort beide gespürt haben, ist mir bis heute präsent. Sie lebte mit ihrem Mann in einem stilvollen Haus am Stadtrand. Zu dritt saßen wir im Licht ihres Wintergartens, und sie erzählte von ihrem bewegten Leben. Wie ich hatte sie Romanistik studiert und dann in Barcelona, Paris, Lissabon und einer weiteren europäischen Stadt gelebt, ich glaube, es war Mailand. Mit jeder dieser Städte verband sie eine Geschichte, in jeder dieser Sprachen hatte sie doziert, mit jeder verband sie mehrere Jahre Alltag. Die französische Sprache liebte sie von allem am meisten, und Paris war immer auch ihr Sehnsuchtsort geblieben.

Auch ihr Mann strahlte diese Dankbarkeit aus. Die beiden sahen sich ähnlich mit dem weißen Haar und der Landkarte ihres reichen Lebens auf der Haut. Ich fotografierte sie als Paar und wollte eine Melodie für die Präsenz und Tiefe finden, die ihre Beziehung so reich machten. Das Lied ihrer Liebe würde der krönende Abschluss meiner Performance sein. Ich konnte es kaum erwarten.

Einige Tage später nahm ich all meinen Mut zusammen und passte meinen Literaturwissenschaftsprofessor auf dem Flur ab. Er war für seine anspruchsvollen Seminare zur französischen und italienischen Literatur und Philosophie gleichermaßen beliebt wie gefürchtet und strahlte eine Selbstsicherheit aus, die man für Arroganz hätte halten können. Ich erzählte ihm von meiner Performance und sagte, dass mir noch ein Mann seines Formates für mein Projekt fehle. Ich gebe zu, ich hatte mir diese Formulierung zurechtgelegt, um seine Eitelkeit zu kitzeln und seine Neugier zu wecken. Und doch war ich überrascht, als mein Plan aufging. *Kommen Sie morgen früh um zehn in mein Büro,* sagte er, *und seien Sie pünktlich!*

Am nächsten Morgen betrat ich sein Büro, das den Blick freigab über die Dächer der Stadt. Ich erkannte, wie außerordentlich dieser Moment war. Ich hatte großen Respekt vor diesem Mann und war mir der Tatsache bewusst, dass es weitreichende Konsequenzen haben könnte, wenn ich mich hier blamierte.

Ich musste ebenso nah an ihn herantreten wie zuvor an meine Freundinnen. In dieser Konstellation, in diesem Setting, fühlte sich das jedoch an wie eine Grenzüberschreitung. Die körperliche Nähe, die dieses Foto verlangte, zwang uns in eine Intimität, die mich völlig unvorbereitet traf. Plötzlich war es, als kehrte sich das Gefüge unserer Positionen um. Plötzlich war ich es, die das Ruder in der Hand hielt und die Regeln definierte.

Denken Sie an einen guten Moment, sagte ich, *lächeln Sie von innen heraus!* Konzentriert blickte dieser stolze Mann in meine Kamera, und ich staunte über die Ernsthaftigkeit, die er meinem Projekt entgegenbrachte. Da war keine Eitelkeit oder Überheblichkeit. Da war keine Bewertung. Da waren Respekt und Interesse an der Kunst und ein Gespür für die Balance, die dieser Moment erforderte. Dass diese Begegnung nicht aus ihrer Spur fiel und ins Unangenehme kippte, verdankte ich ihm.

Am Tag meiner Performance saß mein Professor im Publikum. Ich hatte eine Musik gefunden, welche die Intonation seiner Stimme und die Melodie seiner Sprache erzählte, wenn er im Seminar abschweifte und mit großer Eloquenz über die Irrungen der Menschheit zu philosophieren begann. Ich wollte ihn so zeigen, wie er sich am liebsten sah.

Sie haben mich sehr gut getroffen, sagte er mir nach der Performance und lächelte. *Ich habe mich sofort in Ihrer Musik erkannt.*

Neuland II

Ich hatte nie weniger die Fähigkeit zu reagieren als dieser Tage. Es fehlt an Worten, an Gesten, an Esprit. Das Rauschen der Welt klingt nach Schicksalssymphonie. Da ist so vieles, das an mir klebt, wenn ich mich aus den Augen verliere. So vieles, das an mir rüttelt, wenn ich mich versehe. So vieles, das den Blick färbt, wenn ich abschweife. Da kann ich nur hier sitzen. Mittendrin.

Ich will nur hier sitzen und mich erinnern. An das, was in mir ist. Die bedingungslose, warme Lebendigkeit in meiner Brust. Der Takt meiner Existenz. Danke für dein Versprechen, mein Herz. Danke für heute und jeden meiner Tage.

Da kommt etwas auf mich zu. Das tut es immer. Schließlich ist es das Leben. Es verteilt die wertvollsten Geschenke in den unbequemsten Momenten, dreht die Komfortzone auf links, bevor sie unbemerkt zum Gefängnis wird, und hinterlässt Erinnerungen im Tagebuch meiner Haut.

Und nun sitze ich hier. Nur ich, und was mir vor Augen ist. Da sind Wege, die ich nie zuvor gegangen bin. Neue Schritte und fremdes Terrain. Stolpern über Nebelfelder.

Hab Vertrauen, flüstert das Leben. *Ich bewege dich und du malst die Spur.*

Ausrüstung

Ich habe ihn immer dabei. Den Werkzeugkoffer meiner Gaben. Was auch geschieht, ich werde Worte, Bilder und Töne dafür finden. Ich werde die Leichtigkeit auskosten und das Glück feiern. Ich werde den Schmerz fühlen, seine Botschaft begreifen und wenn es soweit ist, loslassen, was ich nicht mehr brauche. Ich werde mutig sein und mein Herz fragen, was es mir sagen will.

Ich werde vorangehen. Weil ich es will. Weil ich es brauche. Weil Leben Wachsen ist. Weil am Ende der Kellertreppe eine Tür ins Licht führt. Dort wartet die Inspiration. Mit ausgestreckter Hand.

Ich habe begonnen, in meinen Herausforderungen das Geschenk zu suchen. Seit ich das Leben nicht mehr aushalte, begegnet es mir. Seit ich es nicht mehr aussitze, bewegt es mich. Seit es mich formt, habe ich keine Angst mehr, demoliert zu werden. Seit ich flexibel bin, stehe ich fester.

Ich habe meinen Werkzeugkoffer dabei. Es kann losgehen.

Ich war noch nie so bereit.

Sag mir

Erzähle mir die Farben deiner Seele,
die Textur deines Fühlens,
den Geschmack deines Seins.
Sag mir, wie riecht dieser Moment
und wonach klingen deine Träume?

Wer sind wir heute und wohin gehen wir morgen?
Zeig mir, was suchst du auf deinem Weg?
Sag mir das Nichtgesagte,
verrate mir, wer ich bin.
Erzähle mir das Leben.

Zwischen den Zeilen und Worten,
den Gesten und Posen
flüstert die Seele
mit geschlossenem Mund:
Ist zu sein nicht die schönste Metamorphose?

Epilog

Früher dachte ich, das Leben passiert mir. Ich war überzeugt davon, dass manche Menschen mehr Glück haben als andere. Sie wirkten stärker als ich und so viel besser dafür ausgestattet, der Unwucht dieser Welt etwas entgegenzusetzen.

Heute weiß ich, dass es nicht der Schmerz ist, der mich zu der macht, die ich bin. Es ist das, was ich immer schon war, meine Essenz, die ich hinter der Schwere nicht spüren konnte.

Mein wertvollstes Geschenk hatte ich die ganze Zeit bei mir. Ich weiß es jetzt. Ich bin begabt. Für Begegnungen. Für Verbindungen. Für das Leben. Ich habe wunderbare Menschen getroffen. Ihre Spuren sind Fährten zu mir und hinaus in die Welt. Ich bin dankbar für jede und jeden von ihnen, denn was wir sind, sind wir nur zusammen.

Meine Durchlässigkeit ist kein Mangel. Sie ist der Schlüssel. Der Türöffner für Zwischenräume, die Vorzimmer der Wunder. Meine größte Kraft.

Im Grunde
ist das Leben
eine
Reise
zu sich
selbst

Dankeschön

Ich danke allen, die mich auf der Reise zu diesem Buch
begleitet haben.

Meinem Verleger *Klaus Altepost* für die wunderbare Zusammenarbeit und das Vertrauen in unser zweites gemeinsames Projekt. Das hier macht mich sehr stolz! Meinem Mann *Nico Heise* für die Bildbearbeitung, die große Unterstützung auf allen kreativen, technischen und übrigen Ebenen, und für alles, was wir haben. *Isabel Kirsche* für die Begleitung durch dieses Buch – vom ersten Lektorat bis zur Gestaltung des zauberhaften Covers und der Komposition des Innenlebens. *Philipp Maurer* für die wertvollen Gedanken zu meinen Texten und alles, was Sie ins Fließen gebracht haben. *Ann Peters* für die Gabe, mit dem Herzen zu sehen, und für das Geschenk unserer Freundschaft. *Synje Norland* für den Zauber der Musik und unsere schöne gemeinsame Reise. Meiner *Familie* nah und fern für das Teilhaben an meinem Weg. *Anita Pacher* für die Herzenswärme und das gemeinsame Wachsen. *Bea Hansen, Ina Sachtleben* und *Ulrike Bertram* für Eure vielfältige Unterstützung auf Eure jeweils eigene Weise. Ihr seid unglaublich! *Karla Sanders* for the beautiful, deep (he)art-and-soul connection that we have. *Chantal Bernadou* pour le cadeau de notre amitié profonde, sans âge. *Elke Köhnlechner* für unsere besondere Verbindung und die wunderbare Unterstützung seit dem ersten Moment. Allen, von denen ich auf diesen Seiten oder zwischen den Zeilen erzähle. Danke, dass Ihr mit Eurem Sein mein Leben bereichert.

Ein großes Dankeschön geht an meine wunderbaren Buchpatinnen und Buchpaten! Von Herzen danke, dass Ihr auf den Zug meiner Träume aufgesprungen seid, ohne genau zu wissen, wohin die Reise geht. Ohne Eure Unterstützung wäre dieses Buch nicht dasselbe.

Alexandra Berndt, Anabell S., Andrea Hartmann, Andrea Quaden, Angela Rosenkranz, Anita Pacher, Anita Veitengruber, Anja, Ann, Antje Klein, Antje Matzen, Antonia Heuger, Astrid Fallosch, Barbara Oberhäuser, Bea Hansen, Beate Horstmann, Bianca Mikulin, Chantal Bernadou, Christa Beiling, Christian Fischer, Christiane Klein, Christina Lehmann, Christine Kosaminsky, Christine Maurer, Christine Raue,

Christoph Weißmann, Claudia Djilianov, Claudia Hindel, Claudia Weishaupt, Daniel Müller, Das Nordlicht & der Schwabe, Dirk Rutsatz, Dr. Nahlah Saimeh, Edith & Harri Heise, Eike Thiessen, Ela Kujat, Elisabete Gonçalves & Ciris von Strasser, Elke Köhnlechner, Elke Kölbel, Elke Meins, Eva Drebes, Franziska Beyer-Lallauret, Gabriele Weißbach, Harald Krüchten-Werner, Heidemarie & Manfred Hähnel, Heidi Draheim, Höve Bendschneider, Ilka-Maria Bertram, Ina Kleinod, Ina Sachtleben, Ingeborg Harmes, Iris McConnel, Isabel Kirsche, Jennifer Claire Westholt, Jo Eckardt, Johanna Crone, Judith Schuster, Julia Frank, Juliana Heidenreich, Juri Dutka, Jutta Thomsen, Karin Drabik, Karina und Leonie Bolt, Karla und Christine Sanders, Karola Skripzak, Kerstin Bogensee, Kerstin Hähnel, Kirsten Löchel, Klaus Altepost, Kristin Ritschel, Lieselotte Emilia Erckens, Manuela Hinz, Mareen B., Mareen Müller, Marina Breuhan, Martina Hoppe-Großhennig, Mary Steinringer, Maximilian Schmitz, Merle Rossbach, Micha Tuschy, Milena Müller, Monika Kritzinger, Monika Traubinger, Monika Wulff, Monika Zwischenberger, Nicole Mewes, Nina Mügge, Oinone Buschendorff-Schaar, Petra Hansen, Petra Sailer, Rebekka Fornaschon, Roswita Vatanhkah, Sabine Albert, Sandra, Sandra Schwarze, Sarah Ziegert, Sigrid Engelbrecht, Silke Hempel, Silke Hesse, Susan Franke, Susanne Grubhover, Sylvia Gosmann, Synje Norland, Tanja Mertinke, Till Werner, Ulrike Bertram, Ursula Günthert, Ursula Hauptmann, Uta Harzbecker, Uwe Münning, Vanessa van Eyk, Veronika Szczepkowska

Impressum

Julie Weißbach
In jedem Sturm ist ein Lied
Gedankenbilder und Erinnerungsstücke

1. Auflage 2023

Texte und Illustrationen: © Julie Weißbach, Lübeck
www.julieweissbach.de

Buch: © Verlag Agentur Altepost 2015,
Hörstel

Satz & Gestaltung: Isabel Kirsche, Dresden
Bildbearbeitung, Autorinnenfoto: Nico Heise, Lübeck
Cover- & Umschlagdesign: Isabel Kirsche, Dresden
Druck & Bindung: Druckerei Kettler, Bönen
Printed in Germany

Verlag: www.agentur-altepost.de

ISBN 978-3-9822428-4-2

Bibliographische Information der Deutschen Nationalbibliothek:
Die Deutsche Nationalbibliothek verzeichnet diese Publikation in
der Deutschen Nationalbibliographie; detaillierte bibliographische
Daten sind im Internet über http://dnb.dnb.de abrufbar.